Indice

I personaggi della storia

Francesco Gardini, un sognatore archeologo
Il dottor Gasparini, direttore dell'Istituto Universitario
Il padre di Francesco, che vive in campagna
Paolo Grandi, collega di Francesco
Serena, collega di Francesco e della sua stessa età
Peppino, l'operaio che manovra la scavatrice
Giulia, l'amica di Serena
Armando, un uomo di successo
Un uomo con un vestito elegante
Giuseppe Calasca, un imprenditore senza scrupoli
Due uomini
I poliziotti
Il commissario
Mario, un nuovo operaio per la scavatrice

I luoghi della storia

Roma, il Colosseo

Rossana della Torre

Senza paura

LE MONNIER

www.mondadorieducation.it

Prima edizione: ottobre 2014

Edizioni

10 9 8 7 6 5

2022 2023

Il Sistema Qualità di Mondadori Education S.p.A. è certificato da Bureau Veritas Italia S.p.A. secondo la Norma UNI EN ISO 9001:2008 per le attività di: progettazione, realizzazione di testi scolastici e universitari, strumenti didattici multimediali e dizionari.

Questo volume è stampato da:
Cartoedit s.r.l. – Città di Castello (Perugia)
Stampato in Italia - Printed in Italy

Redazione	Milvia Messina
Progetto grafico	Sandro Ventura
Impaginazione	Compos 90
Copertina	Alfredo La Posta
Disegni	Siro Garrone

Referenze iconografiche Thinkstock

Per eventuali e comunque non volute omissioni e per gli aventi diritto tutelati dalla legge, l'editore dichiara la piena disponibilità.

Per informazioni e segnalazioni:
Servizio Clienti Mondadori Education
e-mail *servizioclienti.edu@mondadorieducation.it*
numero verde **800 123 931**

Roma, i Fori Imperiali

Il Golfo di Napoli

Napoli, piazza Plebiscito

La Costiera amalfitana

E ... un sito archeologico a 20 km da Napoli

Capitolo 1

Prologo

Quando Francesco si incontra con il dottor Gasparini sono quasi le otto di sera.

"Mi scusi se la ricevo a quest'ora" dice Gasparini "ma oggi è stata una giornata infernale, ho avuto una serie infinita di appuntamenti."

"Non c'è problema" risponde Francesco che è uno di poche parole.

"Vista l'ora, veniamo subito alla questione: abbiamo avuto ieri notizia che i finanziamenti sono in arrivo. Così possiamo continuare i lavori che avevamo sospeso per un sito archeologico di grande importanza. Si trova in Campania, a circa 20 km da Napoli. Lei conosce quella zona?"

"No, non ci sono mai stato" risponde Francesco.

"Va be', va be'. Non è un problema comunque. Lei dovrebbe partire dopodomani e i lavori..." In quel momento suona il cellulare del dottor Gasparini che dà un'occhiata allo schermo e si alza di scatto.

"Mi scusi, questa è una telefonata personale" dice a Francesco che, a sua volta, si alza. Il dottor Gasparini gli porge[1] un pacco di fogli.

"Qui troverà tutte le informazioni necessarie" aggiunge.

1. *porge*: dà.

Campania

È una regione dell'Italia meridionale popolata da 5 milioni e 800.000 abitanti.
Il capoluogo è Napoli. Altre città importanti sono Avellino, Benevento, Caserta e Salerno.

Francesco prende i fogli. Gasparini intanto sta parlando al telefono: "Sì, cara, certo che questa sera..."
Gasparini guarda Francesco che sta in piedi davanti alla scrivania con i fogli in mano.
"Vada pure" gli dice. "Come ho detto, tutte le informazioni sono lì dentro."
Francesco esce dall'ufficio seccato. Ha aspettato quasi un'ora per che cosa? Tre minuti di colloquio.[2]
Va diritto a casa dove legge l'incartamento che gli ha dato il dottor Gasparini. Come gli ha preannunciato, si tratta di un sito già aperto e poi chiuso per più di un anno. Avevano trovato diversi reperti molto interessanti, ma mancavano i fondi, così i lavori erano stati sospesi.
"Soldi, soldi, soldi, sempre soldi, tutto gira intorno a questi maledetti soldi" brontola fra sé Francesco.
Sta mangiando quando suona il cellulare. È suo padre.
"Ciao Francesco, come stai?" gli chiede.
"Bene, grazie, papà; e tu?"
"Tutto bene. Ma tu... stai ancora lavorando a Siena?"
"No, ho finito la settimana scorsa. Presto comincio da un'altra parte."
"Dove?" domanda Francesco.
"Nei pressi di Napoli, un lavoro di sei mesi, sembra."
"Bene, sono contento."
"E tu? La fattoria?"
"Tutto bene, ma mi manchi, ci manchi tanto" risponde il padre.
"Ci manchi? A chi? A te e agli animali?"
"Certo" ride il padre "anche agli animali. Quando torni a casa?"
"Appena posso vengo a trovarti..."

2. *colloquio*: conversazione.

"Dici sempre così ma non ti vedo mai, figliolo."
"Ah, sì, bene..."
Francesco capisce che non è la risposta che il padre si aspetta. Quello che si aspetta è che Francesco gli dica che tornerà a vivere con lui, a lavorare con lui, ma Francesco sa (e forse lo sa anche suo padre) che questo non accadrà mai.
È cresciuto in campagna, ma la campagna non gli piace. Per questo appena ha potuto se n'è andato.
Francesco torna alla lettura dei documenti e accende il computer. Prima di partire, vuole documentarsi per bene riguardo al sito e alle popolazioni che hanno abitato in quella zona nel passato. Legge che sul sito si trovava una colonia romana importante, una delle prime. All'inizio era solo un villaggio poi diventato, grazie ai Romani, un importante centro commerciale.
"Bene," si dice Francesco "sono sicuro che sarà uno scavo fruttuoso[3]."

3. *fruttuoso*: che dà buoni frutti, buon profitto.

Esercizi capitolo 1

COMPRENSIONE

1. Rispondi alle seguenti domande.

1. Francesco si incontra con il dottor Gasparini. Che cosa gli comunica quest'ultimo?

   ....

   ....

2. Perché il colloquio si interrompe dopo pochi minuti?

   ....

   ....

3. Dove si trova il sito archeologico?

   ....

   ....

2. Vero o falso?

1. Francesco non è mai stato a Napoli.	V	F
2. Il padre di Francesco vive in città.	V	F
3. Francesco se n'è andato da casa perché vuole fare carriera.	V	F
4. Francesco è cresciuto in campagna.	V	F
5. Il sito presso il quale Francesco lavorerà era il luogo in cui si trovava un'importante colonia romana.	V	F
6. Prima di partire Francesco telefona ad altri parenti.	V	F

LESSICO

3. Indica l'alternativa corretta.

1. Una giornata *infernale* significa

A bellissima.
B strana.
C terribile.

2. Francesco è *uno di poche parole*. Vuol dire che

A parla poco.
B non parla mai.
C è un chiacchierone.

3. Lo *schermo* (del cellulare) è
A dove compaiono messaggi e immagini.
B il tasto che si preme per telefonare.
C lo strumento che si usa per ricaricare.

4. Che cos'è un *incartamento*?

A Un libro.
B Una raccolta di documenti.
C Una serie di fogli di carta bianchi.

Capitolo 2

In viaggio verso Napoli

Francesco prende il treno la mattina presto. Deve essere a Napoli la sera, ma non vi andrà direttamente. Prima vuole fermarsi a Roma per fare un giro nella città che ama di più al mondo.

Dalla stazione va a piedi al Colosseo che ammira da fuori. Vede gli uomini vestiti da gladiatori o da centurioni che si fanno fotografare dai turisti e immagina i gladiatori di un tempo che entrano nella grande arena in mezzo alla folla vociante.

"Una barbarie per i nostri tempi" pensa. "Ma per gli antichi Romani era lo spettacolo più eccitante."

Dal Colosseo cammina poi fino ai Fori Imperiali.

Il Colosseo e i Fori Imperiali

Il monumento più famoso di Roma è il Colosseo (73 d.C.). Qui si riunivano gli spettatori nell'antica Roma per assistere alle lotte dei gladiatori e agli spettacoli con gli animali feroci portati dall'Asia e dall'Africa.

I Fori Imperiali sono una serie di piazze monumentali costruite da alcuni imperatori tra il 46 a.C. e il 113 d.C.

Niente lo emoziona come osservare quelle rovine. Gli piace immaginare il mondo di un tempo, gli antichi Romani in piedi nella grande piazza, vestiti in tunica bianca e sandali, che discutono, si muovono, mangiano, bevono, vivono... Per questo ha studiato archeologia, perché il mondo del passato lo appassiona molto più del mondo presente.
Francesco guarda l'ora: le quattro. È ora di prendere il treno per Napoli. Ormai con i treni ad alta velocità da Roma a Napoli si impiega poco più di un'ora.

Alle sette in punto il treno entra nella stazione dove due colleghi stanno aspettando Francesco. Non li conosce personalmente perché hanno preso contatto con lui soltanto per email e per telefono, ma ha visto le loro fotografie e li riconosce subito.
Si tratta di un uomo di mezz'età e di una donna che deve avere all'incirca la sua età. Si presentano: lui, Paolo Grandi; lei, Serena, alta, bruna, grandi occhi neri, allegra ed estroversa. In macchina la donna gli fa una serie di domande a cui lui risponde a monosillabi.
"Tu abiti a Milano, vero?"
"Sì, da qualche anno."
"Quindi non sei di Milano?"
"No, negli ultimi anni ho viaggiato molto."
"Hai lavorato come archeologo?"
"Sì."
"Da dove vieni esattamente?" chiede ancora Serena.
"Dal nord."
"Dal nord? Da dove?"
"Smettila, Serena! Cosa gli fai? Un interrogatorio?" la rimprovera Paolo.
"Ma va'. Sto solo facendo un po' di conversazione. E allora: da dove al nord? Il nord è grande..."

Napoli

Napoli (circa 990.000 abitanti) è il capoluogo della Campania. È la terza città italiana per popolazione. Il Vesuvio, un vulcano ancora attivo, è situato nella parte orientale della città.

"Dall'Alto Adige" dice Francesco.
"Ah!" esclama l'uomo. "Allora parli anche tedesco!"
"Sì, però io sono cresciuto in una famiglia italiana."
"E questo vuol dire che la tua prima lingua è l'italiano?" chiede Serena.
"Proprio così."
Sono arrivati all'albergo.
"È un alberghetto modesto, a conduzione familiare. Come sai, il budget del governo è molto limitato. Qui alloggerai per questi primi giorni, ma tra una settimana, se vuoi, puoi trasferirti in un piccolo appartamento vicino al sito" gli dice Paolo.
"Bene" replica Francesco.
Serena e Paolo lo invitano a mangiare al ristorante. Francesco non ha voglia di uscire con loro. Non ha mai voglia di stare con gli altri, ma sa che il suo comportamento viene considerato poco socievole e quindi dice di sì.
L'appuntamento è in un ristorante proprio in centro.
"Non ti abituare troppo bene perché questa è l'unica cena in un ristorante chic che possiamo farci rimborsare[1]" fa notare Paolo.
"Non c'è problema" è l'unico commento di Francesco.
"Accidenti!" pensa Serena. "Non dice mai una parola in più questo qui!"
Quando Francesco arriva al ristorante, un bel ristorante nel centro città, trova ad aspettarlo solo Serena.
"Mi dispiace" spiega lei "ma Paolo ha avuto un problema in famiglia."
"Spero niente di grave."
"Ha due bambini e sono tutt'e due malati. E poi lo aspetta un periodo di ferie."
"Ah..."

1. *farci rimborsare*: farci restituire i soldi.

L'Alto Adige

L'Alto Adige è parte della regione del Trentino-Alto Adige. È la regione italiana più al nord e quasi completamente occupata da montagne. Si tratta di una regione poco popolata (solo 500.000 abitanti). In Alto Adige si parlano due lingue: l'italiano e il tedesco.

Segue qualche secondo di silenzio. Francesco apre il menu.
"Tu non parli tanto, eh?" dice Serena.
"No, non molto, mi dispiace."
"Non importa. Io parlo per due, anche per tre."
Francesco sorride. "In effetti" dice.
"Quanto è carino quando sorride!" pensa Serena. "In realtà è carino anche quando non sorride. Peccato che sia così musone."
Serena ordina anche per Francesco, piatti tipici della cucina napoletana: come primo i paccheri alla napoletana, come secondo l'impepata di cozze.
"Domani andiamo agli scavi?" domanda Francesco.
"Sì, se vuoi. Hai fretta di cominciare a lavorare?" chiede Serena.
"Beh, no, cioè io..."
"Capisco, sei qui per lavorare! Certo, domani andiamo agli scavi. Sono a una ventina di chilometri da qui. Per i primi giorni ti vengo a prendere io in macchina, poi, come ti ho detto, potrai vivere in un appartamentino vicino agli scavi. Così ci puoi andare a piedi o in bicicletta."
"Bene" dice Francesco. "E tu? Abiti a Napoli?"
"Oh, finalmente fai qualche domanda anche tu! No, non abito a Napoli. Abito vicino agli scavi in un paesino vicino a quello in cui andrai a vivere tu. Ma in questi giorni sono ospite a Napoli da un'amica."
"Bene" è l'unico commento di Francesco.

La cucina napoletana

I paccheri sono un tipo di pasta caratteristico della Campania. Si servono con pomodorini freschi e il cacioforte, un formaggio caprino tipico.

L'impepata di cozze è uno dei piatti più semplici da preparare ma nello stesso uno dei più gustosi.

Di nuovo c'è un momento di silenzio.
"Decisamente non sei un grande chiacchierone" commenta Serena.
"Lo so. Parlo poco."
"Con tutti? Anche con i tuoi familiari, con la tua ragazza?"
"Non ho la ragazza."
"Strano!" esclama la ragazza.
"Perché strano?"
"Perché sei... sei..." Serena è arrossita. "Lasciamo perdere, non voglio essere sfacciata." Lei, che non è mai in imbarazzo con nessuno, comincia a sentirsi imbarazzata con questo ragazzo così silenzioso e riservato.
Hanno finito di mangiare.
"Hai ancora fame? Vuoi un dessert?" chiede Serena.
"No, sono a posto."
"Io prenderei un caffè."
"Ok." Francesco guarda l'orologio.
"È tardi" dice.
"Tu non bevi il caffè?"
"No, non bevo mai caffè."
Appena Serena ha bevuto il suo caffè Francesco si alza. "Scusa, sono veramente stanco. Vado in albergo."
"Aspetta! Sai tornare da solo?"
"Certo" risponde Francesco. "L'albergo è a due passi da qui. Ciao, ci vediamo domani allora."
"Ti vengo a prendere?" chiede Serena.
"No, ho visto il luogo degli scavi sul navigatore satellitare. Lo trovo senza problemi."
Francesco esce dal ristorante e cammina per i vicoli della città pieni di gente.
"È una città molto vivace" pensa. "Come Serena... anche lei molto vivace e anche carina. Ma parla troppo. Come farò a lavorarci per sei mesi?"
Nello stesso tempo Serena pensa a Francesco mentre se ne torna verso casa sola soletta.
"È molto carino, Francesco, ma proprio antipatico" pensa. "Come farò a lavorarci per sei mesi?"

Esercizi capitolo 2

COMPRENSIONE

1. Indica l'alternativa corretta.

1. Francesco
A non va direttamente a Napoli.
B va direttamente a Napoli.
C si ferma da suo padre prima di andare a Napoli.

2. La città che Francesco ama di più è
A Roma.
B Napoli.
C Milano.

3. Cosa lo emoziona di più?
A Scavare presso i siti archeologici.
B Immaginare il mondo del passato.
C Immaginare il mondo del futuro.

2. Rispondi alle seguenti domande.

1. Com'è Serena d'aspetto?
....
2. Che lavoro ha fatto Francesco negli ultimi anni?
....
3. Da dove viene Francesco?
....
4. Quali lingue parla?
....

3. Francesco e Serena vanno a cena insieme. Completa la sintesi di questa parte del capitolo inserendo le parole mancanti.

difficile *molte domande* *musone* *piatti tipici*

Serena trova Francesco molto carino ma anche (1) .... La ragazza ordina per entrambi (2) .... della cucina napoletana. Francesco parla poco, invece Serena fa (3) .... Francesco torna all'albergo da solo e pensa che sarà (4) .... lavorare con Serena nei prossimi mesi e lo stesso pensa Serena di Francesco.

LESSICO

4. Abbina ogni aggettivo con il suo contrario.

1. chiacchierone A. silenzioso 1 ☐
2. estroverso B. bruttino 2 ☐
3. vivace C. simpatico 3 ☐
4. antipatico D. introverso 4 ☐
5. carino E. smorto 5 ☐

5. Trova l'intruso.

1.	vicolo	strada	scuola	piazza
2.	dessert	pasta	pranzo	caffè
3.	ristorante	pizzeria	trattoria	residence
4.	archeologo	marito	professore	fattore

Capitolo 3

Tre settimane dopo

È pomeriggio tardi. Francesco è sul sito degli scavi insieme a Serena che è accanto a lui. Tiene in mano un grande vaso.
"È un vaso dell'epoca romana!" esclama Serena.
"Sì, ed è praticamente intero. Un vero miracolo."
Francesco depone il vaso.
"Lo metti via tu?"
"Sì, faccio io. E tu?" chiede Serena.
"Torno a scavare."
"Non sei stanco? Sono le sei e siamo qui dalle otto di stamattina."
"No, non sono stanco" risponde Francesco.
Serena porta il vaso nella casetta che si trova sul sito degli scavi.
Si siede al tavolo e comincia a pulirlo. Intanto pensa a Francesco: "Accidenti! Non ho mai visto nessuno lavorare in questo modo. Francesco è un musone taciturno, ma è davvero un gran lavoratore."
Peppino, l'operaio che manovra la scavatrice, entra nella casetta e va a salutarla.
"Te ne stai andando?" chiede Serena.
"Sì, e tu?"
"Il tempo di mettere via il vaso e arrivo anch'io."
In quel momento Francesco entra nella casetta. La sua pelle chiara è ar-

rossata per il sole e il caldo. Si passa una mano sulla fronte per asciugare il sudore.
Si rivolge a Peppino: "Mi scusi, ma non ha finito lo scavo sul punto vicino a..."
"Lo finisco domani" lo interrompe Peppino.
"Non potrebbe farlo adesso?" chiede ancora Francesco.
"No, il mio turno è finito e io me ne vado a casa."
Francesco torna allo scavo e Peppino dice a Serena: "È un gran rompiscatole questo!"
Serena ride. "Lo so."
"E pure antipatico. Mai un sorriso, mai una parola..."
"È il suo carattere" dice Serena.
"Ah, tu lo scusi. Sei troppo buona, Serena." E poi aggiunge: "Allora? Esci con me stasera?"
"No, scusa Peppino, oggi non posso."
"Come sempre... beh, pazienza. Senti, Serena: non sei fidanzata, vero?"
"No, ma esco da una storia lunga e difficile" dice Serena.
"Ok" replica Peppino "ma quando ci ripensi, ricordati che io sono qui."
"Va bene, ci vediamo domani, Peppino" lo saluta Serena.
La ragazza finisce di pulire il vaso e lo mette via. Dalla finestra vede Peppino che sale sulla sua motocicletta scassata[1]. Poi si gira verso di lei e sorride salutando.
"Ciao, ciao Peppino" mormora. "Adesso vado a casa anch'io." Però, prima di andare, getta un'occhiata allo spiazzo degli scavi. C'è solo Francesco che sta seduto con in mano un oggetto.
"Deve aver trovato qualcos'altro" pensa Serena. Lo guarda da lontano. I capelli chiari mandano bagliori dorati sotto il sole che tramonta.
"Musone, ma mi piace così tanto..." pensa Serena.
Dal sito dello scavo non va a casa. Si ferma in un bar a prendere un aperitivo con la sua amica Giulia.
"Allora? Come va con Francesco?" è la prima domanda dell'amica.
"Non va. Lavoriamo insieme. Niente di più."
"Ma a te piace, vero?"

1. *scassata*: rotta.

“Sì, molto. Mi piace perché è carino, ma non solo. Mi piacciono la sua serietà, la sua abnegazione[2] nel lavoro e la sua passione per il passato. Devi vederlo quando parla delle civiltà antiche, dei Romani, dei Greci... Gli brillano gli occhi...”
“Un sognatore” commenta l’amica.
“Sì, un sognatore” conferma Serena.
“Come te.”
“Io non sono una sognatrice.”
“Certo che lo sei” dice Giulia. “Tu sogni, sogni sempre, fin da quando eri bambina. È per quello che la tua storia con Armando non ha funzionato. Lui era un uomo di successo sì, ma sogni zero. Solo realtà, la cruda realtà.”
“Sarà come dici tu. Comunque le nostre somiglianze si fermano qui. Per il resto siamo completamente diversi. Io sono una gran chiacchierona, lui è un taciturno, chiuso come un riccio.”
“Ma non dirmelo! Tu non riesci a far parlare qualcuno? Tu, che fai parlare anche i sassi!” esclama Giulia.
“Lo so, con lui non riesco. Mi mette in imbarazzo.”
Giulia ride. “E allora sei davvero innamorata, mia povera Serena!”

È un venerdì, e nessuno si trattiene oltre l’orario di lavoro. Il primo ad andarsene è Peppino, poi se ne va Giorgio, lo stagista, che dà una mano a scavare e a classificare i reperti, infine Serena. L’ultimo è, come sempre, Francesco.
Prima di andare a casa, Serena va a salutarlo. “Non vieni via?” gli chiede.
“Tra poco” risponde lui.
Serena sa che quel “poco” è sicuramente almeno un’ora.
“Ok, ci vediamo lunedì allora.”
“A lunedì.”
Serena si allontana di qualche passo, poi torna indietro.
“Cosa fai questo fine settimana?” domanda.
“Forse torno qui” risponde Francesco.
“Cioè? Lavori?”

2. *abnegazione*: dedizione.

"Sì, perché? Non si può?" domanda lui con tono seccato.
"Sì, certo. Nessuno te lo proibisce, però..."
"Però cosa?"
"Lascia perdere!" esclama Serena, e questa volta è lei a essere seccata. "Ciao."
Dopo che Serena se n'è andata, Francesco continua a lavorare.
Il sole sta tramontando e lui è ancora sul sito. Ha trovato dei frammenti di un vaso che sta cercando di mettere insieme. Quando sente dei passi dietro di sé pensa che sia Serena, anzi *si augura* che sia Serena. Quella ragazza, che all'inizio gli sembrava un po' troppo invadente, adesso comincia a piacergli ed è pentito del suo comportamento di prima. Forse voleva chiedergli se voleva passare il fine settimana insieme a lei, e lui, come un allocco[3], ha risposto che lavorava!
Ma quando si volta vede che la persona che si è avvicinata non è Serena. È un uomo, invece. Ha i capelli scuri e la barba e indossa un vestito elegante.
"Buonasera" dice l'uomo.
"Buonasera" risponde Francesco. "Posso fare qualcosa per lei?"
L'uomo non risponde direttamente alla sua domanda.
"Lei lavora qui, vero?"
"Sì, lavoro qui" dice Francesco.
"È l'archeologo, vero?"
"Sì, esattamente." Francesco è sempre più stupito. Non capisce che cosa voglia quell'uomo da lui.
L'altro lo fissa per qualche secondo e poi domanda: "Ha trovato qualcosa d'interessante?"
"Oggi no, ma in queste settimane sì, cose molto interessanti."
"Cose molto interessanti..." ripete l'uomo lentamente. "Invece noi pensiamo che qui di cose interessanti ce ne siano davvero poche."
"Noi chi? Mi scusi, non capisco."
"Non capisce, certo che non capisce... Ma adesso le spiego. Questo..." l'uomo indica con il dito il sito "questo è un posto grande, bello, vicino al

3. *allocco*: stupido.

mare, un posto ideale per costruire un bel residence. Peccato che ci sia un sito... archeologico."
Ha pronunciato *archeologico* come se fosse una parolaccia.
Francesco comincia a capire. "Ha detto bene" replica. "C'è un sito archeologico e quindi non si può costruire. Fine della questione."
L'uomo fa un balzo in avanti e si para[4] davanti a Francesco che, spaventato, si ritrae.
L'uomo gli mette una mano sulla spalla con fare fintamente confidenziale: "Vede, mio bravo archeologo, questa non è la fine della questione, ma soltanto l'inizio. Lei deve scrivere nel suo bel rapporto periodico alle autorità che qui non c'è proprio niente. Niente, capisce? Qui si scava e non si trova assolutamente..."
"Io non scriverò proprio niente" lo interrompe Francesco.
Ma l'uomo continua a parlare come se non avesse sentito. "E, e... per questo, sarà ricompensato. Una bella somma, glielo garantisco."
"Io non..."
"No, non dia adesso la risposta! Noi aspettiamo il suo rapporto. Ma non faccia passare troppo tempo. Non abbiamo una pazienza infinita" dice l'uomo.
L'uomo se ne va lasciando a Francesco un pezzetto di carta su cui è scritto un numero di telefono. Francesco riflette su ciò che gli ha detto: le sue minacce non lo hanno lasciato indifferente, ma neanche per un secondo pensa di fare quello che gli ha chiesto.
"Però devo parlarne con qualcuno, forse con la polizia..." si dice. "No, è meglio che prima ne parli con Serena."
Quando Serena vede il numero sullo schermo del cellulare non crede ai suoi occhi.
"Francesco! Finalmente..." pensa.
"Ciao Serena, sono Francesco."
"Ciao, Francesco."
"Ho bisogno di te..."
Serena sorride a queste parole, per una frazione di secondo pensa che

4. *si para*: si mette.

questo sia l'inizio di una dichiarazione d'amore. Ma il sorriso svanisce quando sente che è successo qualcosa e lui ha bisogno di un consiglio.
"Dovevo immaginarlo" si dice. "Beh, pazienza! Almeno ci vediamo per una volta fuori dal lavoro."
Davanti a una pizza e un bicchiere di vino bianco in un locale in paese, Francesco spiega a Serena quello che è successo.
"Accidenti! Una minaccia in piena regola" esclama la ragazza. "E tu cosa hai intenzione di fare?"
"Io quel rapporto non lo scrivo. Tengo troppo agli scavi."
"Ti rendi conto che può essere pericoloso?" chiede Serena.
"Sì, lo so, e forse potrebbe esserlo anche per te."
"Non hanno minacciato me, hanno minacciato te. Sei tu il responsabile, sei tu che puoi scrivere il rapporto, non io."
"Io comunque non ho intenzione di mollare[5]."
"Beh, lo immaginavo" dice Serena.
"Perché?"
"Perché sei un tipo tosto[6]."
"No, non sono tosto, tengo solo al mio lavoro."
"Anche questo si era capito. Senti, Francesco, io vorrei... farti una domanda personale. Tu... tu hai mai avuto una storia seria con una ragazza?"
Francesco esita prima di rispondere e poi dice: "No, non ho mai avuto tempo per le ragazze."
"Capisco e..."
Francesco si alza. "Scusa, ma adesso devo andare. Ti accompagno a casa?"
"No, grazie" risponde la ragazza.
"Ci vediamo lunedì allora?"
"Ci vediamo lunedì."
Mentre cammina verso casa, Francesco decide che non andrà alla polizia. Cosa può dire: che un uomo che non conosce e che non ha neppure detto il suo nome gli ha chiesto di scrivere un rapporto falso? Che cosa potrebbe fare la polizia? Niente!
"E speriamo che tutto vada per il meglio" si dice.

5. *mollare*: cedere.
6. *tosto*: forte, duro.

Esercizi capitolo 3

COMPRENSIONE

1. Vero o falso?

1. Francesco lavora molto. V F
2. Serena trova Francesco più aperto e simpatico adesso. V F
3. A Peppino piace Serena e anche a Serena piace Peppino. V F

2. Rispondi alle seguenti domande.

1. Cosa pensa Peppino di Francesco?

   ....

2. Serena è fidanzata?

   ....

3. Come va a casa Peppino?

   ....

4. Che cosa vede Serena dalla finestra della casetta?

   ....

3. Serena prende un aperitivo con la sua amica Giulia e le parla di Francesco. Rispondi alle domande.

1. Quali delle qualità di Francesco le piacciono di più?

   ....

   ....

2. Secondo Giulia, Serena e Francesco hanno un aspetto in comune. Quale?

A Sono tutt'e due grandi lavoratori.
B Sono tutt'e due dei sognatori.
C Sono tutt'e due molto seri.

4. Metti gli eventi che avvengono nel capitolo nel giusto ordine cronologico.

A. Invece è un uomo che gli chiede di scrivere un rapporto falso sul sito. ☐
B. Francesco risponde che ha intenzione di lavorare e Serena se ne va. ☐
C. È venerdì sera. Tutti lasciano il sito. 1
D. Serena va a salutare Francesco e gli chiede che cosa fa nel fine settimana. ☐
E. Quando Francesco sente dei passi dietro di sé pensa che sia Serena. ☐

5. Rileggi la seconda parte del capitolo e rispondi alle seguenti domande.

1. Perché Francesco si augura che la persona sul sito sia Serena?
2. Francesco pronuncia una frase che fa sperare a Serena di piacergli. Quale?
3. Che cosa ha intenzione di fare Francesco? Scriverà il rapporto come l'uomo gli ha chiesto?
4. Perché Francesco decide di non andare alla polizia?

LESSICO

6. *È chiuso come un riccio* significa che una persona è chiusa, cioè silenziosa e introversa. Ci sono altre espressioni che hanno un animale come termine di paragone. Abbina.

1. forte	A. come un agnello	1	☐
2. furbo	B. come una lumaca	2	☐
3. veloce	C. come un leone	3	☐
4. lento	D. come un maiale	4	☐
5. grasso	E. come una gazzella	5	☐
6. agile	F. come una volpe	6	☐
7. mite	G. come una lepre	7	☐

Capitolo 4

Il primo avvertimento

Francesco ha scritto il primo rapporto sui lavori e la sua valutazione è molto positiva: sul sito si trovano reperti di grande valore storico e archeologico.
Sono passate due settimane; per fortuna l'uomo che gli ha chiesto di scrivere un rapporto negativo non si è fatto più vedere. È fine luglio e fa più caldo che mai. Proprio a causa del caldo, Francesco non ha potuto lavorare nelle prime ore del pomeriggio e si trattiene sul sito, come spesso fa, fino a tarda sera.
È quasi arrivato alla casetta quando vede arrivare un motorino a tutta velocità. Il motorino si ferma proprio davanti a lui e ne scendono due uomini. Tutto avviene così in fretta che Francesco non ha il tempo di reagire. Uno dei due uomini lo prende per le spalle, gli immobilizza le braccia, l'altro gli dà due pugni nello stomaco. Francesco cade a terra. Sente una voce che dice: "Questo è solo un avvertimento."

Il giorno dopo Francesco parla a Serena di quello che è successo.
"Oh Dio, ma tu... ti hanno fatto male?" chiede lei.
"Al momento un po', ma non ci sono state conseguenze."
"Sei andato alla polizia?"

"Sì, ma non ho concluso niente" risponde Francesco. "Denuncia contro ignoti[1]."
"Accidenti! E adesso cosa hai intenzione di fare?"
"Niente."
"Cioè? Non vuoi fare quello che ti chiedono?" domanda Serena.
"Assolutamente no."
"Sta' attento, almeno! Non ti trattenere oltre l'orario, non stare qui da solo..."
"Sì, ok, ok" risponde Francesco in modo sbrigativo. "Mettiamoci al lavoro adesso!"
"Va bene."

Il giorno dopo Serena parte di casa di buon'ora. Le ore della mattina sono le migliori perché ancora non fa troppo caldo. Ma quando arriva al sito vede che ci sono due macchine della polizia.
Francesco è in piedi vicino a una macchina.
"Cosa è successo?" chiede la ragazza.
"Dei vandali sono entrati nella casetta e hanno distrutto tutto: mobili e reperti. Per fortuna ce n'erano pochi. Avevo portato tutto l'altro ieri in sede."
"Meno male..." commenta Serena sollevata.
Quando uno dei poliziotti va a parlare con lui, Francesco dice che sono stati quelli che lo avevano già minacciato.
"Ha fatto denuncia?" domanda l'agente.
"Sì, ma contro ignoti e mi hanno detto che non si può fare niente."
"In effetti" dice l'agente. "Ma se si fanno ancora vedere, venga al commissariato..."
"Sì, sicuramente" dice Francesco.

Dopo che l'agente se n'è andato, Peppino entra nella casetta.
"Posso parlarti?" chiede.
"Certo" risponde Francesco.

1. *ignoti*: persone che non si conoscono.

"Io me ne vado."
"Te ne vai?"
"Sì, mi licenzio. Adesso, seduta stante[2]."
"No, non puoi farlo!" protesta Serena.
"Certo che posso farlo. A me di questi scavi non importa niente, io non voglio avere guai... Me ne vado."
Peppino mette sul tavolo le chiavi del cancello d'accesso agli scavi.
"Bene ragazzi, arrivederci allora. Ah, Serena... segui il mio esempio: vattene anche tu, non stare dietro a 'sto pazzo!"
Serena non risponde niente. Peppino se ne va.
"Beh, forse dovevo immaginarlo" dice Francesco. E poi aggiunge: "Dobbiamo comunicare che non abbiamo più l'operaio che opera sulla scavatrice. Dobbiamo cercare subito uno che lo sostituisca."
"Sì, lo comunico alla direzione. Intanto chiedo in giro" dice Serena.
"Grazie, Serena." Francesco sorride. "Grazie per tutto" ripete.

Qualche giorno dopo Serena arriva al lavoro con la faccia scura. Dice a Francesco che ha chiesto a diverse persone del paese, ma tutti hanno risposto di no.
"Ma in questa zona ci sono un sacco di disoccupati, non dovrebbe essere difficile trovare qualcuno che sia interessato al lavoro!" esclama Francesco.
"Sì, certamente, però questo lavoro non lo vuole nessuno. Nessuno vuole mettersi contro Giuseppe Calasca."
"Chi è Giuseppe Calasca?" chiede Francesco.
"Quello che vuole costruire il residence sul sito degli scavi. Un imprenditore, ma senza scrupoli, uno disposto a tutto per ottenere quello che vuole" spiega Serena. "E comunque è uno potente. Qui lo conoscono tutti e nessuno vuole mettersi contro di lui."
"Capisco. E allora? Noi come facciamo?"
"Dobbiamo cercare il nostro uomo da un'altra parte, ma ci vuole tempo."
"Sì, certo. Nel frattempo posso guidare io la scavatrice" propone Francesco.

2. *seduta stante*: subito.

"Lo sai fare?"
"Non ci vuole una scienza[3], credo" risponde Francesco.
Serena ride. "Ok, perché no? E io raccolgo i reperti."
È sera. Francesco ha guidato la scavatrice, Serena ha raccolto i reperti.
Sta pulendo un piccolo vaso seduta vicino a uno scavo. Quando si alza barcolla.
Francesco, che è appena sceso dalla scavatrice, le va vicino. "Cos'hai, non ti senti bene?" domanda.
"Non tanto."
"Vieni a sederti, per favore."
Francesco la prende per mano e l'accompagna vicino alla casetta, entra e ne esce con un bicchiere d'acqua.
"Ecco, prendi, bevi!"
Serena beve l'acqua lentamente. Francesco è accanto a lei e la guarda ansioso. Nonostante il malessere, Serena non può fare a meno di notare che lui dimostra una premura verso di lei che non aveva mai mostrato prima.
Francesco si siede accanto a lei. Le mette una mano sulla spalla.
"Allora, stai meglio?" le domanda.
"Sì, meglio, molto meglio."
"Hai bisogno di riposo?"
"Sì, credo di sì. E comunque domani è sabato."
"Io volevo venire a lavorare."
"Io invece vorrei riposare. Senti... perché non andiamo al mare?"
"Al mare?" chiede Francesco.
"Sì, al mare. Da quando sei qui sei mai andato al mare?"
"No, però l'ho... visto."
"Il mare non si guarda, si vive! Hai il costume da bagno?" domanda Serena.
"Sì."
"Allora domani mattina tieniti pronto. Ti vengo a prendere". Serena si allontana prima che Francesco abbia la possibilità di replicare.

3. *non ci vuole una scienza*: non è molto difficile.

Sono le tre di pomeriggio, il sole splende alto nel cielo. Serena ha portato Francesco su una spiaggetta che pochi conoscono e i due stanno passeggiando lungo la riva.
"Ti manca Peppino?" chiede Francesco.
"Peppino? Come ti viene in mente?"
"Pensavo che magari... non so... vi vedevo spesso parlare..."
"Sì, ma non c'era niente di più!" esclama Serena. La ragazza riceve un messaggio sul cellulare in quel momento.
"Non guardi?" chiede Francesco.
"No, so chi è. La mamma. Le ho detto che avevo un appuntamento con te ed è curiosa, mia mamma è curiosa come una scimmia. Sai, le mamme..."
"No, non lo so."
"Cosa vuoi dire?"
"Io mia mamma non la vedo da quasi vent'anni."
"Perché? È... morta?" domanda Serena.
"No, ma è come se lo fosse. Se n'è andata così da un giorno all'altro. Ci ha lasciato senza un biglietto, senza un saluto..."
La voce di Francesco, che di solito è neutra e impassibile, si è fatta profonda.
Serena si ferma e gli prende la mano nella sua. La stringe forte. "È la prima volta che ti sento parlare così."
"Sì, ma non mi va di parlare di me."
"Invece a me interessa sapere di te e della tua vita. Sai quante volte ho desiderato che tu mi raccontassi qualcosa di te invece che dei Romani, degli Egizi..."
"Non ti piace quando parlo delle civiltà antiche?" domanda Francesco. "Credevo che anche tu avessi una grande passione per la storia e l'archeologia."
"Certo che sì, ma io voglio anche conoscerti, conoscere quello che c'è dentro di te."
"E perché?" chiede lui.
"È una domanda provocatoria o seria?"
"Serissima" risponde lui.
"Perché... mi piaci."

"Anche tu mi piaci" dice Francesco.
Le prende l'altra mano nella sua, avvicina le labbra al suo volto, la bacia. È un bacio tenero e intenso.
Serena non pensava che quel ragazzo che sembra così freddo e distaccato potesse baciare con quell'intensità e quella passione.
Continuano a camminare piano, mano nella mano.
Tutt'e due sanno che questo è l'inizio di una storia d'amore.

Esercizi capitolo 4

COMPRENSIONE

1. Indica l'alternativa corretta.

1. Francesco ha scritto il primo rapporto sui lavori e la sua valutazione è
[A] negativa.
[B] abbastanza positiva.
[C] molto positiva.

2. Francesco non ha lavorato
[A] di mattina.
[B] nel pomeriggio.
[C] di sera.

3. Quando si avvicina alla casetta due uomini lo fermano e
[A] gli chiedono delle informazioni.
[B] lo picchiano.
[C] lo salutano.

4. Francesco è andato alla polizia che
[A] lo ha aiutato a trovare i responsabili.
[B] ha arrestato i responsabili.
[C] non ha potuto fare niente.

5. Quando Serena arriva al sito il mattino dopo le raccontano che
[A] qualcuno è entrato nella casetta e ha rotto i reperti.
[B] qualcuno ha picchiato Peppino.
[C] qualcuno ha minacciato di nuovo Francesco.

6. Peppino decide
[A] di licenziarsi.
[B] di trovare qualcuno che lo sostituisca.
[C] di dire chi sono i responsabili dell'attentato.

2. Rispondi adesso alle seguenti domande.

1. Chi è Giuseppe Calasca?
2. Perché nessuno vuole mettersi contro di lui?
3. Chi guiderà nel frattempo la scavatrice?

3. Vero o falso?

1. Dopo una giornata di lavoro Serena non si sente bene.	V	F
2. Francesco si dimostra indifferente verso Serena.	V	F
3. Serena e Francesco vanno al mare.	V	F
4. Qui fanno una passeggiata sulla spiaggia.	V	F
5. Serena sente la mancanza di Peppino.	V	F
6. Francesco e Serena si baciano.	V	F

4. Francesco racconta a Serena di sua mamma. Che cosa le dice? Raccontalo con parole tue qui di seguito.

....

....

....

LESSICO

5. Abbina i verbi nella prima colonna con il seguito corretto nella seconda colonna.

1. avere	A. curioso	1	
2. essere	B. una storia	2	
3. ricevere	C. qualcuno	3	
4. raccontare	D. un appuntamento	4	
5. baciare	E. un messaggio	6	

6. Trova l'intruso.

1. labbra	gambe	bacio	volto
2. freddo	dolce	distaccato	impassibile
3. disoccupato	professione	scuola	lavoro
4. casetta	residence	automobile	appartamento

Capitolo 5

L'inganno

Due giorni dopo è lunedì e Francesco si sveglia alle quattro di mattina. Ha una strana sensazione, una sensazione spiacevole, come se qualcosa di brutto stesse per accadere. Si veste e si precipita fuori. In dieci minuti arriva al sito. Qui vede due uomini uscire dalla casetta.

"Ehi!" grida. "Cosa state facendo?"

Gli uomini si mettono a correre, salgono su una motocicletta e partono a tutta velocità. Francesco vede che dalla casetta escono delle fiamme. Prende di corsa l'idrante di emergenza[1] e riesce a spegnere l'incendio. Senza esitare un secondo chiama la polizia.

"Ci hanno provato di nuovo!" dice l'agente appena sceso dalla sua auto.

"Già, per fortuna sono arrivato in tempo!" esclama Francesco.

"Ma lei cosa faceva qui a quest'ora?"

"Mi sono svegliato e ho avuto una specie di... presentimento, sono corso qui e ho fatto in tempo a vedere quegli uomini..."

"Li ha potuti vedere in faccia?" chiede l'agente.

1. *idrante di emergenza*: 

"No, cioè sì, ma era buio e non ho visto praticamente niente."
"Capisco. Senta, perché non viene con me al commissariato? Così mi firma con calma il verbale[2] e magari parla col commissario" propone l'agente.
"Va bene" risponde Francesco.

Due ore dopo Francesco è di ritorno al sito. È lì da qualche minuto quando arriva Serena. Le spiega quello che è successo e le racconta anche la proposta che il commissario gli ha fatto: incontrare l'uomo che lo ha minacciato, farlo parlare della sua proposta, registrare tutto con un piccolo registratore che avrà nascosto sotto la camicia, poi portarlo alla polizia. In questo modo avranno le prove per procedere agli arresti.
"Ma è troppo pericoloso!" esclama Serena.
"Sì, è un po' pericoloso, ma devo farlo, devo porre fine a questa storia. Non possiamo vivere ogni giorno con la paura che succeda qualcosa e soprattutto non voglio che succeda niente a te. Non me lo perdonerei mai."
Serena lo abbraccia di slancio[3].
"Francesco! È la prima volta che dici una cosa così, cioè che mi fai capire che tieni a me."
"Certo che tengo a te, io..." Francesco, che come sempre non trova le parole per esprimere i suoi sentimenti, la bacia.
"Sai che oggi non si lavora?" dice. "Il commissario mi ha consigliato di far vedere che questi avvertimenti hanno il loro effetto su di noi."
"Bene, sai cosa facciamo adesso?" dice Serena.
"No, cosa?"
"Andiamo a visitare Pompei. L'hai mai vista?"

2. *verbale*: documento scritto con la testimonianza data a voce.
3. *di slancio*: con impeto.

Pompei

Gli scavi archeologici di Pompei hanno portato alla luce i resti dell'antica città romana di Pompei, seppellita sotto la cenere e i lapilli di una violenta eruzione del Vesuvio nel 79 d.C. Altre città vicine che hanno subito la stessa sorte sono Ercolano, Stabiae e Oplonti.

"Sì, ma ci torno molto volentieri. Io adoro Pompei" dice Francesco.
"Beh, certo, è la Disneyland dell'archeologo, no?"
Usciti da Pompei, i due si fermano in una pasticceria a mangiare delle sfogliatelle.
"Quanto sono buone, ma quelle di mia mamma sono ancora più buone" dice Serena.
"Tua mamma sa fare le sfogliatelle? Deve essere difficile!"
"Mia mamma è una cuoca eccezionale!" esclama Serena.
"E tu le sei molto affezionata."
"Beh, più che affezionata. Le voglio un gran bene. E poi vado davvero d'accordo con lei. È così forte, vivace e divertente..."
"Come te!" esclama Francesco.
"Mi trovi forte, vivace e divertente?"
"Oh sì, forte, vivace e divertente e... molto bella."
"Se non avessi la bocca piena di sfogliatella, ti darei un bacio."
Serena finisce di masticare e poi chiede a Francesco se ricorda sua mamma.
"Sì, certo che me la ricordo. Quando se n'è andata avevo undici anni. A undici anni si capiscono un sacco di cose. Era molto dolce la mia mamma, ma era anche una donna infelice. Odiava la vita in campagna, forse odiava anche la vita con mio padre. Ciononostante io non l'ho mai perdonata per il suo abbandono. Forse per questo poi mi sono imposto di non affezionarmi mai più a nessuno nella mia vita, tanto meno a una donna..."
"Paura di restare ferito."

La sfogliatella

La sfogliatella è un dolce tipico della pasticceria campana; può essere riccia, se preparata con la pasta sfoglia, oppure frolla. Generalmente è ripiena di ricotta o di crema pasticcera.

"Sì, proprio così. Ma forse adesso io con te..."
Serena resta con il fiato sospeso in attesa del seguito della frase.
In quel momento suona il cellulare.
"Scusa, devo rispondere. È il commissario" dice Francesco.
"Sì, il commissario è importante" pensa Serena "ma anche quello che stavamo dicendo è importante, caro Francesco."
Serena ha scoperto sotto la scorza[4] di freddezza di Francesco un calore e una dolcezza che non avrebbe mai immaginato. E sa che si sta innamorando di lui. Perdutamente.

La sera stessa Francesco, come d'accordo con il commissario, telefona a quel numero che l'uomo gli aveva dato.
"Allora si è deciso, signor Gardini!" esclama l'uomo.
"Sì, ma prima vorrei concordare la cifra."
"Cifra? Quale cifra? Mi scusi, ma al telefono non parlo di certe cose."
"Allora possiamo incontrarci?" propone Francesco.
"Sì, ma le faccio sapere io quando e dove."
"Ma come...?"
L'uomo interrompe la comunicazione.
La mattina dopo, quando Francesco arriva al sito, trova sul tavolo nella casetta un foglietto su cui c'è scritto:

QUI, SUGLI SCAVI.
STASERA ALLE 23.
DA SOLO.

Sono le undici di sera e agli scavi si sentono solo il cri cri dei grilli e il frusciare delle piante tutt'intorno.
Francesco sta in piedi in mezzo al sito. Si guarda intorno: così, al buio, quel

4. *scorza*: guscio.

posto sembra proprio spettrale, con le buche e la polvere assomiglia un po' a un cimitero.
"Soltanto che non vi sono sepolti corpi" pensa Francesco "ma oggetti, ricordi, resti di un affascinante passato."
Non vede arrivare i due uomini che appaiono all'improvviso, come usciti dal nulla nel buio. Uno di loro è l'uomo che lui conosce.
"Buonasera, signor archeologo" lo saluta.
"Buonasera" risponde lui.
"Allora si è deciso finalmente."
"Sì, non vale la pena" risponde Francesco. "Non voglio correre rischi per uno stupido scavo."
"Mi sembrava però che lei ci tenesse veramente a quella... roba vecchia."
"Sì, mi piacciono i reperti, ma mi piacciono anche i soldi."
"Eh sì, i soldi piacciono a tutti, signor archeologo."
L'uomo si guarda intorno. "Vedo che è venuto solo, ma, aspetti... voglio verificare un'altra cosa!" Si avvicina. "Mi scusi eh..." gli tocca il petto, poi le mani scendono verso i fianchi. "Ma no! Signor archeologo, lei mi delude. Questo è un registratore." Poi guarda l'altro e gli dice: "Andiamocene."
Francesco cerca di fermarli.
"No, aspettate, signori, aspettate, io..."
"Adesso muto, devi stare muto, signor archeologo" dice l'uomo con voce minacciosa. "E presto avrete notizie da noi."

"È andata male" dice Francesco dopo aver raccontato al commissario come si sono svolti i fatti.
"Avremmo dovuto immaginarlo" risponde il commissario.
"E adesso?" chiede il giovane.
"Purtroppo dobbiamo aspettarci il peggio. Le posso dare un paio di agenti che sorvegliano lei e il sito. Per qualche giorno soltanto perché ho pochi uomini, ma almeno servirà a dare un segnale a questi criminali che lei non è solo."
"La ringrazio" dice Francesco.
Torna a casa, da dove chiama Serena e le racconta tutto.

"Non sono certo degli sprovveduti[5]" dice la ragazza. "Forse l'idea era un po'... ingenua."
"Forse" replica Francesco. "Comunque adesso ho una specie di scorta."
"Bene. Ma ho paura che non si arrenderanno."
"Il commissario però mi ha detto che la costruzione del residence sul terreno del sito dovrebbe cominciare subito dopo l'estate. Se non riescono ad acquistare adesso, non possono più farlo."
"Quindi è probabile che adesso tenteranno il tutto per tutto. Attento, Francesco, stai attento! Non sopporto l'idea che ti possano fare del male... sai quanto io ti... io ti..."
"Io... cosa?" chiede Francesco.
"Ah, non importa. Non è certo una cosa da dire così per telefono."
I due si salutano.
"Stava per dire che mi ama" pensa Francesco. "Nessuno mi ha mai detto che mi ama e io non l'ho mai detto a nessuno. Ma io amo Serena?"

5. *sprovveduti*: persone che non sanno cosa fare, inetti.

Esercizi capitolo 5

COMPRENSIONE

1. Metti gli eventi che avvengono nel capitolo nel giusto ordine cronologico.

A. Francesco va al commissariato dove gli propongono un piano. ☐
B. Francesco spegne le fiamme e chiama la polizia. ☐
C. Al sito vede degli uomini uscire dalla casetta a cui hanno dato fuoco. ☐
D. Il giorno dopo Francesco si sveglia molto presto. [1]
E. Gli chiedono di incontrare l'uomo con un registratore addosso. ☐
F. Ha una brutta sensazione e si precipita al sito. ☐

2. Vero o falso?

1. Francesco dice a Serena che le vuole bene. V F
2. Serena propone di andare a visitare Pompei. V F
3. Usciti da Pompei, i due mangiano dei dolci. V F
4. Serena ha un buon rapporto con la madre V F
5. La madre di Francesco ha lasciato la famiglia quando lui aveva quindici anni. V F
6. Serena trova Francesco ancora un po' freddo e distaccato. V F

3. Completa il seguente brano riguardante una parte del capitolo.

Francesco si incontra con l'uomo che l'ha minacciato. È (1) .... e l'incontro avviene sul sito dello scavo. Cominciano a parlare, ma l'uomo si accorge dell' (2) .... perché perquisisce Francesco e gli trova addosso il (3) .... Dopo che gli uomini se ne sono andati Francesco va al commissariato e (4) .... al commissario come sono andati i fatti.

Quando riferisce a Serena com'è andata, lei gli dice di stare (5) .... perché gli uomini dell'industriale, sentendosi ingannati, gli potrebbero fare del male.

LESSICO

4. Come si dice? Completa le parole.

1. La sensazione che qualcosa sta per succedere. P..
2. Il rumore che fanno le piante quando si muovono . F.....................................
3. Il verso dei grilli. C..
4. Un'altra parola per *amare*. A..
5. Cercare qualcosa addosso a una persona o in un luogo. P.............................
6. Un'altra parola per *comprare*. A..

Capitolo 6

Il rapimento

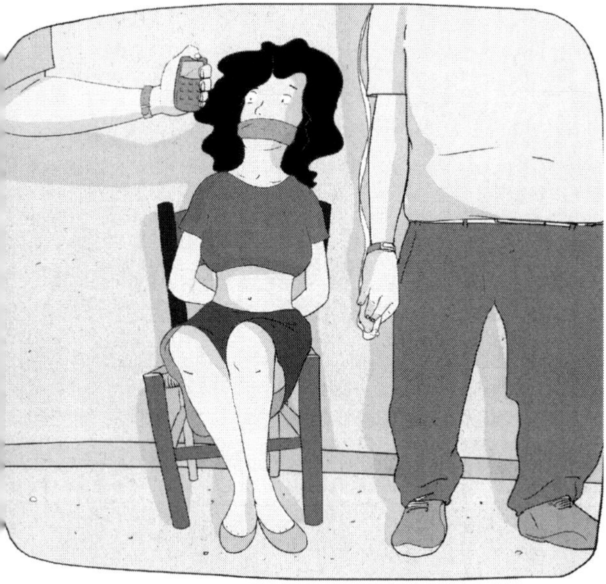

È di nuovo sabato. Sono passati quindici giorni dall'incontro con l'uomo, e Francesco sta cominciando a sperare che abbiano rinunciato alla costruzione del residence sul terreno degli scavi. Ormai da due giorni non è neanche più seguito dai suoi "angeli custodi", i poliziotti che il commissario gli ha assegnato.

Serena è andata a trovare la nonna in campagna e Francesco, che ha passato gli ultimi fine settimana con lei, ne ha approfittato per continuare a lavorare.

È seduto nella casetta con i reperti che hanno trovato nel corso della settimana. Ne sta esaminando uno quando gli arriva un messaggio sul cellulare.

"Deve essere Serena" pensa Francesco.

Quando guarda lo schermo il cuore ha un sobbalzo[1]. Non c'è un messaggio, ma una fotografia. È la fotografia di Serena, legata e imbavagliata[2].

1. *sobbalzo*: brusco movimento istintivo.
2. *imbavagliata*: con un bavaglio sulla bocca che le impedisce di parlare.

Subito dopo riceve un messaggio:

Se la vuoi rivedere sai cosa devi fare.
E niente polizia o LEI E' MORTA.
Non scrivere, ci facciamo sentire noi.

Francesco è un tipo che mantiene sempre il suo sangue freddo. Anche in questa occasione, dopo lo shock iniziale, cerca di concentrarsi sul da farsi.
Innanzitutto farò quello che mi chiedono: scrivere quel famoso rapporto. Si mette al computer e lo scrive.

Gli scavi non sono fruttuosi, da più di due settimane non abbiamo trovato alcun reperto di pregio[3]. Credo quindi che sia opportuno che il sito venga chiuso al più presto per evitare spreco di tempo e di risorse.

Stampa il foglio, lo rilegge e lo firma. Si siede e aspetta. Aspetta che arrivi un altro messaggio. Cerca di stare calmo, ma gli tremano le mani. Ha paura, una paura terribile di perdere Serena.
"È colpa mia" pensa. "Avrei dovuto pensare che se la sarebbero presa con Serena. Questi sono organizzati. Senz'altro ci hanno fatti seguire e sanno che io e lei stiamo insieme, che siamo innamorati."
Ecco, l'ha detto: *innamorati*. Quindi è proprio così: lui è *innamorato* di Serena.
"Sei uno stupido" dice a se stesso. "Non è proprio il momento di pensare a questo. Adesso intanto pensiamo a salvarle la vita."
Il *bip* che segnala l'arrivo di un messaggio lo scuote[4] dai suoi pensieri.

Provinciale F 65, km 44,
porta il necessario.

3. *di pregio*: di valore.
4. *scuote*: risveglia.

Mezz'ora dopo Francesco è al km 44 della strada provinciale indicata nel messaggio.
Pochi minuti dopo arriva una macchina. Ne scende un uomo che gli si avvicina.
"Entra in macchina" gli dice e gli mette un cappuccio[5] in testa.
Dieci minuti dopo la macchina si ferma. L'uomo lo prende per un braccio, lo fa scendere dall'auto e lo fa entrare in una casa.
Francesco ha una borsa con sé. Senza togliergli il cappuccio, l'uomo gli chiede se nella borsa c'è quello che gli ha chiesto.
"Sì, è lì dentro" risponde Francesco. L'uomo gli toglie il cappuccio.
"Dammi quel rapporto!" gli ordina.
Francesco apre la borsa, prende i fogli e li porge all'uomo, che li legge rapidamente.
"Bene, bene" dice. "Adesso li inviamo per fax e per email così siamo sicuri che li ricevono. Cosa ne dici, signor archeologo?" domanda l'uomo.
"Dov'è Serena?" chiede Francesco.
"Serena è al sicuro, non ti preoccupare."
"Non è qui?"
"Sta' zitto! Adesso torni buono buono a casa."
"E Serena?"
"La liberiamo quando abbiamo la risposta."
"Ma le autorità ci mettono una vita a dare una risposta!" protesta Francesco.
"Allora sollecita. Telefona oggi stesso. Appena danno l'ok per la chiusura del sito, la tua ragazza è libera" risponde l'uomo.
"Ci vorranno giorni, intanto la cercheranno, i genitori, la..."
"Non ti preoccupare, abbiamo sistemato tutto noi. Papà e mamma pensano che la signorina Serena sia in viaggio per lavoro. Non la cercheranno."
Francesco insiste: "Ok, ma voglio essere sicuro che stia bene."

5. *cappuccio*: 

"Ti ho detto che..."
"Io non faccio niente se non sono sicuro che stia bene. Fatemi parlare con lei, anche solo per pochi secondi."
L'uomo prende il cellulare e fa un numero. Poi porge il cellulare a Francesco che sente la voce di Serena: "Francesco."
"Serena, come stai?" domanda il giovane.
"Sto bene, Francesco. Anche se cammino su un terreno di morti, non sono morta. Io..."
"Basta, basta adesso!" esclama l'uomo che strappa il cellulare dalla mano di Francesco. "Ma che cavolo ha detto?"
"Niente, è un modo di dire degli archeologi" spiega Francesco. "Sa... noi abbiamo a che fare con i morti, con le civiltà morte..."

L'uomo e il suo socio riportano Francesco, sempre incappucciato, allo scavo.
Francesco ha mentito all'uomo. Non è vero che quella frase è un modo di dire degli archeologi. Serena ha voluto comunicargli qualcosa.
"Ma che cosa?" si chiede Francesco. "Ha detto 'il terreno dei morti', quindi un cimitero, perciò vuol dire che lei si trova in un cimitero o vicino a un cimitero. Cimitero, cimitero, ma sì certo... la settimana scorsa, il Cimitero delle Fontanelle. Siamo stati lì vicino a vedere una chiesa antica. Sì, ok, il cimitero, ma quel cimitero è molto grande. Come faccio? Un momento... la fotografia! Forse guardando bene la fotografia c'è qualche particolare..."
Francesco riguarda la fotografia che gli hanno mandato sul cellulare. Serena è seduta su una sedia, ha un giornale dietro di lei, la parete, la finestra con un pezzettino di cielo. Ma non si vede soltanto il cielo, si vede anche un pezzettino di... un palazzo. Francesco osserva le mappe della parte della città dove si trova il cimitero e vede quel palazzo.
"Se si vede un pezzo di palazzo dalla finestra" si dice "la casa dove si trova Serena deve essere collocata a ovest."
Guarda e riguarda sul navigatore satellitare e riesce a circoscrivere l'area dove si può trovare Serena.
"Adesso ci vuole solo un po' di fortuna!" pensa.
Mette un berretto con la visiera, che gli copre una parte della faccia, e gli

occhiali scuri. Con una macchina a noleggio si reca a Napoli, in quella parte della città dove pensa possa essere tenuta prigioniera Serena. Percorre la via da dove potrebbe essere stata scattata quella fotografia: il palazzo è a destra e il cimitero proprio dietro a quella via.
È una strada come tante altre, con case basse, e nei vicoli, tra le case, ci sono le lenzuola stese. Ci sono anche dei negozi e un bar. Francesco entra in uno di questi bar. Prende un cappuccino e un cornetto e si siede a un tavolino vicino alla finestra da cui si vede bene la strada.
Ha sempre cura di tenere il cappello calato sul volto e gli occhiali scuri, così che nessuno possa riconoscerlo.
È là da quasi un'ora; per non dare nell'occhio ha aperto il giornale e finge di leggere mentre sorseggia un bicchier d'acqua e mangia il secondo cornetto. Sta per alzarsi quando vede un uomo che attraversa la strada. Lo riconosce subito: è l'uomo che lo ha minacciato e con cui si è incontrato. Quindi aveva ragione: Serena è lì.
Francesco lo segue con lo sguardo e vede che entra in una casa all'angolo. Il giovane esce subito dal bar. Si avvia verso la casa. È una casa a tre piani. Serena deve essere al pianterreno perché dalla finestra si vedeva la cima del palazzo in una prospettiva dal basso all'alto.
Francesco telefona al commissario e gli racconta tutto.
"Non faccia niente da solo" lo avverte il commissario. "Aspetti che arriviamo noi."

Cappuccino e cornetto

Un abbinamento tipicamente italiano: il cappuccino e il cornetto (al nord si dice *brioche*). Per molti costituisce la classica colazione da prendere al bar.

"Sì, ma, per favore, senza sirene. Se vi sentono arrivare potrebbero fare del male a Serena."
"Sì, certo. Non si preoccupi. Sappiamo fare il nostro lavoro. Lei, piuttosto: niente colpi di testa. Aspetti noi prima di fare qualunque cosa."
Francesco va dall'altra parte della strada. Capisce che non può restare davanti alla casa, qualcuno potrebbe notarlo. Sta per rientrare nel bar quando vede l'uomo che esce dalla casa, ma purtroppo anche l'uomo vede lui. Resta un secondo fermo e lo fissa. Poi rientra in casa precipitosamente. Francesco attraversa la strada di corsa, ed entra nella casa. Nel corridoio ci sono due porte, tutt'e due sono chiuse.
"Deve essere questo a destra" si dice Francesco che comincia a suonare con forza il campanello. Ma nessuno viene ad aprire. Allora si mette a gridare: "Aprite, aprite, so che Serena è lì dentro. Aprite, aprite!" continua a gridare, finché la porta si apre di colpo, un braccio lo tira dentro e lo butta a terra.
Si trova una pistola puntata in faccia.
"Adesso mi ha scocciato, signor archeologo" dice l'uomo.
Francesco resta immobile, spaventato da quella pistola davanti agli occhi.
"E adesso che cosa devo fare con te e con la tua amica, me lo dici?" grida l'uomo.
Francesco sta per dire qualcosa quando la porta si spalanca. Tre poliziotti fanno irruzione. Disarmano l'uomo che sta puntando la pistola su Francesco e arrestano un altro uomo che si trova nella stanza attigua[6]. Francesco si precipita nella stanza. C'è Serena imbavagliata e legata a una sedia così come l'ha vista nella fotografia.
Le toglie il bavaglio e la slega.
La stringe tra le braccia e la bacia con passione. Serena ride e piange allo stesso tempo e mormora: "Sapevo che mi avresti trovato, lo sapevo."
Intanto il commissario è entrato nella stanza.
"Le avevo detto di non tentare niente prima dell'arrivo dei miei uomini" dice a Francesco con tono di rimprovero.

6. *attigua*: vicina.

"Sono stato obbligato" si giustifica Francesco. "Quell'uomo mi ha riconosciuto ed è rientrato subito in casa. Avevo paura che facesse del male a Serena."
"Adesso riporti a casa la sua ragazza" dice il commissario. "E venite più tardi per la denuncia, il verbale e tutto quanto."
"Non sono mai stata così felice di vedere qualcuno nella mia vita" dice Serena.
"Anch'io."
Francesco e Serena si abbracciano e si baciano.

Più tardi, una volta fuori dal commissariato, si abbracciano e si baciano ancora.
Una signora che li vede mormora all'amica che le cammina al fianco: "Guarda come sono innamorati quei due!"
Serena e Francesco che hanno sentito si guardano e sorridono.
"Sì, sono innamorato" dice Francesco. "Molto innamorato."
"Finalmente l'ha detto" pensa Serena.

Esercizi *capitolo* **6**

COMPRENSIONE

1. Indica l'alternativa corretta.

1. **Sono passati quindici giorni dall'incontro con l'uomo e**
   A non è successo niente di nuovo.
   B gli uomini hanno di nuovo minacciato Francesco.
   C gli uomini hanno di nuovo dato fuoco al sito archeologico.
2. **Francesco riceve un messaggio sul suo cellulare. Che cosa contiene il messaggio?**
   A Una foto di Serena prigioniera degli uomini.
   B Una foto di Serena con scritto che lo ama.
   C Una foto degli uomini insieme a Serena.
3. **Francesco scrive immediatamente il rapporto**
   A ed è poco comprensibile.
   B e questa volta è negativo, come vogliono gli uomini.
   C ed è positivo come la volta precedente.
4. **Francesco si rende conto di**
   A non essere innamorato di Serena.
   B essere solo infatuato di Serena.
   C essere innamorato di Serena.

2. Vero o falso?

1. Francesco si incontra con gli uomini che lo incappucciano e gli chiedono di vedere il rapporto. V F
2. Francesco chiede di vedere Serena. V F
3. Gli uomini lo fanno parlare con Serena. V F
4. Serena è così spaventata che non riesce a parlare. V F
5. Francesco cerca di trovare il posto dove è tenuta nascosta Serena. V F

3. Rispondi alle seguenti domande riguardo alla parte finale del capitolo.

1. Come riesce Francesco a trovare la casa dove è nascosta Serena?
2. Dove si apposta per osservare la strada?
3. Chi vede Francesco quando è in strada?

4. Come finisce il capitolo?

....

....

LESSICO

5. Che cosa fanno gli *angeli custodi*? Indica l'alternativa corretta.

A Proteggono.
B Combattono.
C Interrogano.

6. Abbina i verbi nella prima colonna con il seguito corretto nella seconda colonna.

1. mantenere	A. zitto	1	
2. puntare	B. il bavaglio	2	
3. metterci	C. innamorato	3	
4. togliere	D. la pistola	4	
5. essere	E. una vita	5	
6. stare	F. il sangue freddo	6	

7. Scrivi il sinonimo corretto accanto ad ogni verbo.

dare dire bugie indicare levare mandare mettere a posto risvegliare seccare

1. scuotere ....
2. scocciare ....
3. togliere ....
4. inviare ....
5. sistemare ....
6. porgere ....
7. mentire ....
8. segnalare ....

Capitolo 7

Epilogo

Sono passati due mesi e il sito è ancora aperto, Serena e Francesco vi stanno lavorando e ogni giorno portano alla luce interessanti reperti storici.
L'unica novità è che è arrivato un nuovo operaio per manovrare la scavatrice: Mario.
L'uomo che ha minacciato Serena e il suo socio sono ancora in prigione con l'accusa di sequestro di persona. Rischiano parecchi anni di carcere se non collaborano e non stanno collaborando.
Il commissario ha detto a Francesco che hanno paura di parlare, ma ha anche aggiunto che ormai, con l'arresto dei due, la faccenda è chiusa.
"Cercheranno un altro terreno per quel residence" dice il commissario.
E Francesco? Il lavoro continua a essere importante per lui, ma insieme a esso ha anche la donna che ama.
Con lei è andato a trovare il padre in Alto Adige.
"Finalmente ti vedo felice" gli ha detto lui.
"Sì, sono felice" ha risposto lui.
Il padre ha chiesto ai due di restare lì con lui.
"Potrete avere la fattoria" ha detto. "Potrete vivere qui nella serenità e nella tranquillità della campagna."

Ma i due hanno rifiutato.
"Sai quanto è importante il lavoro di archeologo per me, papà" ha risposto Francesco.
"E anche per me" ha aggiunto Serena.
Il padre di Francesco non se l'è presa.
"Me lo aspettavo" ha risposto. "Del resto me lo aspettavo. Ma tra un reperto e l'altro, ragazzi, non dimenticatevi del vostro... vecchietto."
"Certo che no" risponde Serena.
"Non ti dimentichiamo, papà" ripete Francesco. Guarda Serena che sorride e si sente felice, come mai è stato nella sua vita.

Esercizi **conclusivi**

LA TRAMA

1. Completa la sintesi della prima parte della storia inserendo le parole mancanti.

documenti il Colosseo lavori rapiscono Roma s'innamora (2) scavi sito archeologico

Francesco riceve dal dottor Gasparini un incarico per andare a lavorare su un (1) .... Prima di andare a Napoli, Francesco si ferma a (2) .... per vedere (3) ....
Francesco incontra Serena, una collega, che (4) .... di lui e anche lui a poco a poco (5) .... di lei.
Dei criminali cercano di impedire che si facciano gli (6) ...., ma Francesco non cede e continua a lavorare.
Infine degli uomini (7) .... Serena.
Per riaverla, Francesco dovrebbe firmare dei (8) .... in cui afferma che bisogna interrompere i (9) ....

2. Francesco dovrà rinunciare a finire gli scavi? Spiegalo con parole tue.

....

....

I PERSONAGGI

3. Completa con il nome corretto dei personaggi.

Giulia Giuseppe Calasca Paolo Serena Peppino Francesco

1. È il protagonista della storia: ....
2. È la protagonista e s'innamora del protagonista: ....
3. È l'amica della protagonista: ....
4. È l'operaio che manovra la scavatrice: ....

5. È un collega di Serena: ....
6. È l'uomo senza scrupoli che vuole bloccare i lavori sul sito: ....

I LUOGHI

4. Nella storia ci sono riferimenti a tre regioni italiane. Scrivi per ogni frase a quale regione si riferisce.

Campania *Lazio* *Trentino-Alto Adige*

1. È situata a nord-est. ....
2. È situata al centro. ....
3. È situata a sud. ....
4. Qui si trova la capitale d'Italia. ....
5. Qui si parla anche il tedesco. ....
6. Qui si trova la Costiera amalfitana. ....
7. Napoli è il capoluogo di questa regione. ....
8. Qui c'è Città del Vaticano. ....

LESSICO

5. Nella storia compaiono diversi nomi riferiti a lavori e professioni. Completa ogni frase con il nome corretto.

1. Francesco ha studiato archeologia ed è diventato ....
2. Chi lavora manualmente è un ...., come Peppino.
3. Chi si laurea in giurisprudenza, probabilmente farà l'...................................... .
4. Fa indagini per scoprire chi ha agito contro la legge. È un ....
5. Un .... possiede un'azienda o una ditta.
6. Chi lavora la terra, come il padre di Francesco, è un ....

Esercizi di **grammatica**

PRONOMI RELATIVI

1. Indica l'alternativa corretta.

1. Abbiamo discusso la questione .... si è rivelata più difficile del previsto.

A che
B di cui
C il quale

2. Il sito archeologico .... lavorerà Francesco è di grande importanza.

A che
B in cui
C nella quale

3. Suona il cellulare del dottor Gasparini .... dà un'occhiata allo schermo e si alza di scatto.

A che
B cui
C la quale

4. Ho letto un articolo sull'archeologia .... si parlava di siti e reperti.

A al quale
B nel quale
C a cui

AGGETTIVI

2. Accorda gli aggettivi con i nomi.

1. "Oggi è stata una giornata infernal...... . Ho avuto una serie infinit...... di appuntamenti. Ma adesso finalmente sono liber......" dice l'ingegnere.

2. Il sito archeologico in cui avevano trovato reperti molto interessant...... e da cui hanno ricavato molt...... informazioni, non è molto grand.......
3. Vorremmo vedere uno spettacolo eccitant...... ma non troppo spaventos...... .
4. Quando sarò nella città etern...... andrò dal Colosseo fino ai Fori Imperial...... .

VERBI

3. Abbina le due parti delle frasi.

1. Presto	A. manca tanto a suo padre.	1	☐
2. Ho finito	B. la settimana scorsa.	2	☐
3. Stai ancora	C. quando suona il cellulare.	3	☐
4. Sta mangiando	D. lavorando a Siena?	4	☐
5. Francesco	E. andrò ad abitare a Napoli.	5	☐

PREPOSIZIONI

4. Indica la preposizione corretta: *di*, *a*, oppure *per*?

1. Hanno finito .... mangiare.
2. Ti vengo .... prendere domani.
3. Ricominciamo .... frequentare il corso lunedì prossimo.
4. Si chiede come farà .... lavorare con il brutto tempo.
5. Non sono riuscito .... farlo parlare.
6. Francesco ha accettato .... lavorare sullo scavo archeologico.
7. Abbiamo dimenticato .... telefonare a nostro zio.
8. Sono andato al parco .... incontrare i miei amici.

INDICATIVO E CONGIUNTIVO

5. Indica l'alternativa corretta per completare questo brano che si riferisce alla prima parte del libro.

1. Quello che si aspetta il padre è che Francesco gli .... che tornerà a vivere con lui, ma Francesco sa che...

A dice
B dica
C dirà

2. ... questo non .... mai.

A accadrà
B accade
C è accaduto

3. Francesco .... in campagna, ma la campagna non gli piace.

A crescerà
B crescerebbe
C è cresciuto

4. Per questo appena .... se n'è andato.

A potrebbe
B può
C ha potuto

5. Prima di partire, Francesco legge che in quel sito .... una colonia romana importante.

A si trovava
B si trovasse
C si trovi

6. Francesco è sicuro che .... uno scavo fruttuoso.

A è
B fosse
C sarà

Dossier

Vuoi approfondire la tua conoscenza di queste città italiane? Leggi il Dossier qui di seguito.

ROMA

Roma (circa 2.865.000 abitanti) si trova nel Lazio, una regione dell'Italia centrale. È anche chiamata l'Urbe o la Città eterna.

Roma è una città straordinariamente ricca di musei e monumenti che risalgono al passato, all'antica civiltà romana e al periodo rinascimentale e barocco.

Nei riquadri di questa lettura hai trovato la descrizione di alcuni monumenti e testimonianze del passato.

Ricapitoliamo qui i nomi di alcuni dei monumenti e luoghi più famosi della città: il Colosseo – simbolo di Roma –, i Fori Imperiali, Piazza di Spagna, Piazza Navona e, naturalmente, la Città del Vaticano, lo Stato più piccolo del mondo.

San Pietro in Vaticano

La Basilica di San Pietro si trova in Piazza San Pietro, nella Città del Vaticano. All'interno della basilica si possono ammirare capolavori famosi in tutto il mondo, come la statua della *Pietà* dello scultore Michelangelo Buonarroti. Sempre nella Città del Vaticano, e più precisamente all'interno dei Musei Vaticani, costituiti da oltre mille stanze, c'è un'altra splendida opera d'arte, la Cappella Sistina, anch'essa dipinta in gran parte da Michelangelo nel 1500.

Romolo e Remo

Roma prende il nome da Romolo che, secondo la leggenda, fonda la città nel 753 a.C. Questa scultura rappresenta Romolo allattato dalla lupa insieme al fratello Remo.

1. Rispondi alle seguenti domande.

1. Dove si trova Roma?
2. Come è anche chiamata questa città?
3. A quali periodi risalgono i monumenti di Roma?
4. Qual è il monumento simbolo di Roma che tutti conoscono?
5. Qual è lo Stato più piccolo del mondo?

2. Completa.

La Basilica di San Pietro si trova in (1) .... Tra i capolavori al suo interno: la statua della *Pietà* dello scultore (2) .... Nei Musei Vaticani, costituiti da oltre (3) ...., c'è un'altra splendida opera d'arte, la (4) ....

NAPOLI

Napoli si trova in Campania, la regione più popolosa d'Italia dopo la Lombardia.

La Campania offre al turismo bellissimi paesaggi, città d'arte e siti archeologici eccezionali, come Pompei ed Ercolano.

Città capoluogo della Campania,
Napoli è situata tra il Golfo, il Vesuvio (un vulcano ancora attivo) e la zona vulcanica dei Campi Flegrei. Napoli è una città che ha sempre affascinato e continua ad affascinare per le sue bellezze e per i suoi monumenti. Tra le cose da vedere a Napoli: il Maschio Angioino o Castel Nuovo, un castello medievale e rinascimentale, il Palazzo Reale, del Seicento, reggia dei Borboni, un tempo sovrani di Napoli, e il Teatro San Carlo, uno dei teatri più conosciuti al mondo.

Sorrento, la Penisola sorrentina, l'Isola di Capri e la Costiera amalfitana.

Nei dintorni di Napoli, all'estremità opposta del Golfo, si trovano alcuni dei luoghi più amati e visitati dai turisti di tutto il mondo. Situata sulla

Penisola sorrentina, che si affaccia sul Golfo di Napoli, Sorrento è da sempre meta turistica per eccellenza, celebre per le sue bellezze naturali ed artistiche e le sue tradizioni.
Di fronte alla bellissima Penisola sorrentina si trova l'Isola di Capri, un'isola rocciosa con luoghi caratteristici e meta di un turismo esclusivo e molto elegante.
Il tratto di costa più a sud, la Costiera amalfitana, è famoso in tutto il mondo per le sue meraviglie naturalistiche. Prende il nome dall'antica città di Amalfi.

Curiosità

Da Sorrento proviene il limoncello, un liquore dolce ottenuto dalle scorze del limone.

3. Vero o falso?

1. La Campania è la regione più popolosa d'Italia. V F
2. Napoli è situata vicino a un vulcano non attivo. V F
3. Napoli si trova sul mare. V F
4. Tra le cose da vedere a Napoli ci sono un castello e un teatro. V F
5. La Penisola sorrentina si affaccia sul Golfo di Napoli. V F
6. Il limoncello è un tipo di dolce. V F

Soluzioni degli esercizi

Capitolo 1, pagina 9

Esercizio 1: (Possibili risposte)

1 Gli comunica che sono in arrivo i finanziamenti per continuare i lavori ad un sito archeologico.
2 Perché il dottor Gasparini riceve una telefonata personale.
3 In Campania, a 20 km circa da Napoli.

Esercizio 2: 1 V – 2 F – 3 F – 4 V – 5 V – 6 F

Esercizio 3: 1 C – 2 A – 3 A – 4 B

Capitolo 2, pagina 16

Esercizio 1: 1 A – 2 A – 3 B

Esercizio 2: (Possibili risposte)

1 Serena è alta, bruna e con grandi occhi neri.
2 L'archeologo.
3 Dall'Alto Adige.
4 L'italiano e il tedesco.

Esercizio 3: 1 musone – 2 piatti tipici – 3 molte domande – 4 difficile

Esercizio 4: 1 A – 2 D – 3 E – 4 C – 5 B

Esercizio 5: 1 scuola – 2 pranzo – 3 residence – 4 marito

Capitolo 3, pagina 24

Esercizio 1: 1 V – 2 F – 3 F

Esercizio 2

1 Che è un gran rompiscatole.
2 No.
3 Su una motocicletta scassata.
4 Francesco, seduto con in mano un oggetto.

Esercizio 3

1 (Possibile risposta) La sua serietà, la sua abnegazione nel lavoro e la sua passione per il passato.
2 B

Esercizio 4: 1 C – 2 D – 3 B – 4 E – 5 A

Esercizio 5: (Possibili risposte)

1 Perché è pentito del suo comportamento di prima.
2 "Ho bisogno di te."

3 No, non scriverà il rapporto come l'uomo gli ha chiesto.
4 Perché pensa che sia inutile, che la polizia non possa fare niente.

Esercizio 6: 1 C – 2 F – 3 G – 4 B – 5 D – 6 E – 7 A

Capitolo 4, pagina 32
Esercizio 1: 1 C – 2 B – 3 B – 4 C – 5 A – 6 A

Esercizio 2: (Possibili risposte)
1 Giuseppe Calasca è un industriale senza scrupoli che vuole costruire un residence sul sito degli scavi.
2 Perché è molto potente.
3 Francesco.

Esercizio 3: 1 V – 2 F – 3 V – 4 V – 5 F – 6 V

Esercizio 4: Aperto

Esercizio 5: 1 D – 2 A – 3 E – 4 B – 5 C

Esercizio 6
1 bacio
2 dolce
3 scuola
4 automobile

Capitolo 5, pagina 40
Esercizio 1: 1 D – 2 F – 3 C – 4 B – 5 A – 6 E

Esercizio 2: 1 F – 2 V – 3 V – 4 V – 5 F – 6 F

Esercizio 3: 1 notte – 2 inganno – 3 registratore – 4 racconta – 5 attento

Esercizio 4: 1 presentimento – 2 frusciare – 3 cri cri – 4 adorare – 5 perquisire – 6 acquistare

Capitolo 6, pagina 49
Esercizio 1: 1 A – 2 A – 3 B – 4 C

Esercizio 2: 1 V – 2 F – 3 V – 4 F – 5V

Esercizio 3: (Possibili risposte)
1 Guardando bene i particolari della foto e cercando nella zona del cimitero con il navigatore satellitare.
2 In un bar vicino, accanto alla finestra.
3 L'uomo che lo ha minacciato.

Esercizio 4: Aperto

Esercizio 5: A

Esercizio 6: 1 F – 2 D – 3 E – 4 B – 5 C – 6 A

Esercizio 7: 1 risvegliare – 2 seccare – 3 levare – 4 mandare – 5 mettere a posto – 6 dare – 7 dire bugie – 8 indicare

Esercizi conclusivi, pagina 53

Esercizio 1: 1 sito archeologico – 2 Roma – 3 il Colosseo – 4 s'innamora – 5 s'innamora – 6 scavi – 7 rapiscono – 8 documenti – 9 lavori

Esercizio 2: Aperto

Esercizio 3: 1 Francesco – 2 Serena – 3 Giulia – 4 Peppino – 5 Paolo – 6 Giuseppe Calasca

Esercizio 4: 1 Trentino-Alto Adige – 2 Lazio – 3 Campania – 4 Lazio – 5 Trentino-Alto Adige – 6 Campania – 7 Campania – 8 Lazio

Esercizio 5: 1 archeologo – 2 operaio – 3 avvocato – 4 poliziotto – 5 imprenditore – 6 contadino

Esercizi di grammatica, pagina 55

Esercizio 1: 1 A – 2 B – 3 A – 4 B

Esercizio 2: 1 infernal**e**, infinit**a**, liber**o** – 2 interessant**i**, molt**e**, grand**e** – 3 eccitant**e**, spavento-s**o** – 4 etern**a**, Imperial**i**

Esercizio 3: 1 E – 2 B – 3 D – 4 C – 5 A

Esercizio 4: 1 di – 2 a – 3 a – 4 a – 5 a – 6 di – 7 di – 8 per/a

Esercizio 5: 1 B – 2 A – 3 C – 4 C – 5 A – 6 C

Esercizi Dossier, pagina 58

Esercizio 1: 1 Nel Lazio, nell'Italia centrale – 2 *Urbe* o Città eterna – 3 All'antica civiltà romana, al periodo rinascimentale e barocco – 4 Il Colosseo – 5 Città del Vaticano

Esercizio 2: 1 Piazza San Pietro – 2 Michelangelo Buonarroti – 3 mille stanze – 4 Cappella Sistina

Esercizio 3: 1 F – 2 F – 3 V – 4 V – 5 V – 6 F